ME ENCANTA DECIR LA VERDAD

I LOVE TO TELL THE TRUTH

Shelley Admont

Ilustrado por Sonal Goyal y Sumit Sakhuja

www.kidkiddos.com
Copyright©2015 by S. A. Publishing ©2017 by KidKiddos Books Ltd.
support@kidkiddos.com

All rights reserved. No part of this book may be reproduced in any form or by any electronic or mechanical means, including information storage and retrieval systems, without written permission from the publisher or author, except in the case of a reviewer, who may quote brief passages embodied in critical articles or in a review.

Todos los derechos reservados. Ninguna parte de este libro se puede utilizar o reproducir de cualquier forma sin el permiso escrito y firmado de la autora, excepto en el caso de citas breves incluidas en reseñas o artículos críticos.

Second edition, 2018

Traducción del inglés de Irene Abian
Translated from Englsih by Irene Abian

Library and Archives Canada Cataloguing in Publication

I Love to tell the Truth (Spanish English Bilingual Edition)/ Shelley Admont
ISBN: 978-1-5259-1249-8 paperback
ISBN: 978-1-5259-0790-6 hardcover
ISBN: 978-1-77268-333-2 eBook

Although the author and the publisher have made every effort to ensure the accuracy and completeness of information contained in this book, we assume no responsibility for errors, inaccuracies, omission, inconsistency, or consequences from such information.

Please note that the Spanish and English versions of the story have been written to be as close as possible. However, in some cases they differ in order to accommodate nuances and fluidity of each language.

Para aquellos que más quiero -S.A.
For those I love the most-S.A.

Era un precioso día de verano. El sol brillaba con intensidad. Los pájaros piaban, mientras las mariposas y las abejas se mantenían ocupadas visitando las coloridas flores.

It was a beautiful summer day. The sun was shining brightly. The birds were chirping. The butterflies and the bees were busy visiting the colorful flowers.

Jimmy, el conejito, jugaba con la pelota en el jardín trasero con sus dos hermanos mayores y su madre regaba sus margaritas favoritas.

Little bunny Jimmy was playing ball in the backyard with his two older brothers. Their mom was watering her favorite daisies.

—Tened cuidado de no acercaros a mis flores, chicos —dijo mamá.
"Be careful not to go near my flowers, boys," said mom.

—Claro, mamá —gritó Jimmy.
"Sure mom," yelled Jimmy.

—No tocaré tus margaritas, mamá —añadió el hermano mediano.
"I won't touch your daises mom," added the middle brother.

—No te preocupes, mamá —dijo el hermano mayor —.Tus margaritas están a salvo con nosotros.
"Don't worry mom," said the oldest brother. "Your daisies are safe with us."

Mamá entró en casa mientras los hermanos seguían jugando fuera, pasándose la pelota entre ellos.

Mom went back to the house while the brothers continued to play outside, tossing the ball to each other.

—Oye, juguemos a algo diferente —dijo el hermano mayor girando la pelota.

"Hey, let's play a different game now," said the oldest brother, twisting the ball.

—¿A qué jugamos? —preguntó Jimmy.

"What game?" asked Jimmy.

*El hermano mayor pensó durante un segundo.
—Lancemos la pelota al aire y veamos quién puede cogerla primero —dijo.*

The oldest brother thought for a second. "Let's toss the ball in the air and see who gets to catch it first," he said.

—Eso me gusta —dijo Jimmy llenó de felicidad.

"I like that," said Jimmy cheerfully.

—Empecemos —gritó el hermano mediano. —¡Lanza ya la pelota!

"Let's start," cried the middle brother. "Throw the ball now."

El hermano mayor lanzó la pelota al aire tan fuerte como pudo.

The oldest brother threw the ball up in the air as hard as he could.

Todos los conejitos miraron hacia arriba con la boca abierta mientras la gran pelota naranja salía volando rápidamente. Pronto, la pelota empezó a caer hacia el suelo.

All the bunnies looked up with their mouths open as the big orange ball quickly flew up. Soon, it began to fall back towards the ground.

Estirando sus manos, los hermanos esperaron a que bajará el balón con entusiasmo.

Stretching out their hands, the brothers waited eagerly.

Cuando la pelota estaba a punto de tocar el suelo, los hermanos mayores corrieron para cogerla.

When the ball was about to hit the ground, the older brothers ran to catch it.

En un instante, Jimmy dio un paso adelante y alcanzó la pelota antes que ellos.
—¡Hurra! ¡Gané yo! —saltó de alegría y empezó a correr entusiasmado por todo el jardín.

In a flash, Jimmy leapt forward and reached the ball before them. "Hurray! I win!" He jumped in joy and started to run around the backyard in excitement.

De repente, Jimmy se tropezó con una pequeña piedra y cayó al suelo... justo en medio de las margaritas favoritas de su mamá.

Suddenly, he tripped over a small rock and fell flat on the ground ... right in the middle of his mom's favorite daisy plants.

—¡Ay! —gritó Jimmy, levantando su cabeza de la tierra húmeda.

"Ouch!" yelled Jimmy, lifting his head out of the wet soil.

Su hermano mayor corrió hacia él y le ayudó a ponerse de pie.
—Jimmy, ¿te has hecho daño?

His oldest brother ran over and helped him back to his feet. "Jimmy, are you hurt?" he asked.

—No... Creo que estoy bien —contestó Jimmy.
"No... I think I'm fine," said Jimmy.

—Eso es porque estas margaritas son muy suaves, te han protegido —explicó su hermano mayor.

"That's because these daisies are so soft, they protected you," explained his oldest brother.

Los tres conejitos miraron con tristeza las flores favoritas de su madre que ahora estaban aplastadas y algunas incluso rotas.

All three bunnies looked sadly at their mom's favourite yellow flowers, which were now crushed. Some of them were broken.

—Mamá no se alegrará de ver esto —murmuró el hermano mayor en voz baja.

"Mom will not be happy to see this," murmured the oldest brother quietly.

—Eso seguro —reconoció el hermano mediano.

"That's for sure," agreed the middle brother.

—Por favor, por favor, no le digáis a mamá que he hecho esto. Porfaaaaaaaa... —rogó Jimmy, alejándose lentamente de las margaritas estropeadas.

"Please, please, don't tell mom that I did this. Pleeeeeaaaase..." begged Jimmy, slowly moving away from the ruined daisies.

En ese momento, su madre salió corriendo de casa.
—Chicos, ¿qué ha pasado? He escuchado a alguien gritar, ¿estáis todos bien?

That moment, their mom came running out from the house. "Kids, what happened? I just heard someone scream. Are you all OK?"

—Estamos bien, mamá —dijo el hermano mayor —, pero tus flores...

"We're fine, mom" said the oldest brother. "But your flowers..."

No fue hasta ese momento que mamá se dio cuenta de que sus flores estaban destrozadas y lanzó un profundo suspiro.
—¿Qué ha pasado aquí? —preguntó con los hombros caídos.

It wasn't until that moment that their mom noticed the ruined flowerbed. She sighed. "How did this happen?" she asked, her shoulders drooping.

—Han sido los aliens —respondió Jimmy rápidamente—. Llegaron del... espacio... —añadió mientras apuntaba al cielo—. Te lo juro mamá.

"It was aliens," Jimmy hastened to answer. "They came from... out there..." He pointed to the sky. "Really, mom."

Mamá levantó una ceja y miró a Jimmy a los ojos.
—¿Aliens?

Mom raised her eyebrow and looked into Jimmy's eyes. "Aliens?"

—Sí y se fueron volando en su nave espacial.

"Yes, and they flew away in their spaceship."

Mamá suspiró una vez más.
—Es una suerte que se hayan ido —dijo ella— porque es la hora de la cena. No olvidéis lavaros las manos. Y Jimmy...

Mom sighed again. "It's good that they flew away," she said, "because now it's time for dinner. Don't forget to wash your hands. And Jimmy..."

—*Sí, mamá* —*dijo Jimmy.*
"Yes, mom," said Jimmy.

—*Lávate la cara también* —*añadió.*
"Go wash your face too," she added.

Durante la cena, Jimmy estaba muy callado. Se sentía incómodo, no pudiendo comer ni beber. ¡Ni siquiera quiso probar su tarta de zanahoria favorita!

During the dinner, Jimmy was very quiet. He felt uncomfortable. He couldn't eat and he couldn't drink. He didn't even want to try his favourite carrot cake.

Por la noche, Jimmy no podía dormir. Algo no iba bien. Se levantó y se acercó a la cama de su hermano mayor.

At night, Jimmy couldn't sleep. Something didn't feel right. Getting up, he approached his oldest brother's bed.

—Oye, ¿estás dormido? —susurró.
"Hey, are you sleeping?" he whispered.

—Jimmy, ¿qué ocurre? —murmuró su hermano mayor, abriendo lentamente sus adormecidos ojos. —Vuelve a tu cama.

"Jimmy, what happened?" mumbled his oldest brother, slowly opening his sleepy eyes. "Go back to your bed."

—No puedo dormir. Sigo pensando en las flores de mamá —dijo Jimmy en voz baja—. Debería haber tenido cuidado con ellas.

"I can't sleep. I keep thinking about mom's flowers," said Jimmy quietly. "I should have been careful with them."

—Ha sido un accidente —dijo el hermano mayor—. No te preocupes. ¡Vuelve a dormirte!

"Oh, that was an accident," said the oldest brother. "Don't worry. Go back to sleep!"

—Pero no debería haberle mentido a mamá —dijo Jimmy sin moverse.

"But I should not have lied to mom," said Jimmy still staying there.

El hermano mayor se sentó en su cama.
—Sí —coincidió—. Deberías haberle dicho la verdad.

The oldest brother sat up on his bed. "Yes," he agreed. "You should have told her the truth."

—Lo sé —dijo Jimmy encogiéndose de hombros—. ¿Qué hago ahora?

"I know," said Jimmy, shrugging his shoulders. "What am I going to do now?"

—Por ahora, ve a dormir. Y por la mañana le dirás a mamá la verdad. ¿Trato hecho?

"For now, go to sleep. And in the morning, you will tell mom the truth. Deal?"

—Vale —dijo Jimmy y caminó lentamente hacia su cama.

"OK," said Jimmy and he trudged slowly to his bed.

A la mañana siguiente, Jimmy se levantó muy temprano, saltó de la cama y fue corriendo a buscar a su mamá, quien estaba en el jardín.

The next morning, he woke up very early, jumped out of his bed, and ran looking for his mom. She was in the backyard.

—Mami —la llamó Jimmy—. He sido yo quien ha arruinado tus flores, y no los aliens— confesó mientras corría hacia su mamá y la abrazaba.

"Mommy," Jimmy called. "I was the one who ruined your flowers, not the aliens." He ran over and hugged his mom.

Mamá le devolvió el abrazo y le respondió.
—Estoy muy contenta de que hayas dicho la verdad. Sé que no ha sido fácil y estoy orgullosa de ti, Jimmy.

Mom hugged him back and replied, "I'm so happy that you told the truth. I know it wasn't easy, and I'm proud of you, Jimmy."

—Por favor, no estés triste por las flores. Ya pensaremos en algo —dijo Jimmy.

"Please don't be sad about the flowers. We'll think of something," said Jimmy.

Mamá sacudió la cabeza.
—No estaba preocupada por las flores. Estaba triste porque no me habías dicho la verdad.

Mom shook her head. "I was not worried about the flowers. I was sad about you not telling me the truth."

—Lo siento, mamá —dijo Jimmy—. Yo también estaba triste. Te prometo que no volveré a mentir.

"I'm sorry, mom," said Jimmy. "I was sad also. I won't lie again."

Después del desayuno, Jimmy visitó el invernadero local con su papá. Compraron algunas semillas de margarita y toda la familia ayudó a mamá a plantarlas.

After breakfast, Jimmy visited the local plant nursery with his dad. They bought some daisy seedlings and the whole family helped mom plant them.

Jimmy aprendió que decir la verdad traía felicidad, tanto a él como a su familia. Por eso, desde ese día siempre dice la verdad.

Jimmy learned that telling the truth makes him and his family happy. That's why from that day on, he always tells the truth.

www.ingramcontent.com/pod-product-compliance
Lightning Source LLC
Chambersburg PA
CBHW061139070526
44584CB00033B/4364